2주만에

속이 뻥 뚫리는
생활중국어 ①

CARROT HOUSE

CARROT HOUSE
中国北京市通州区大运河开发区运河明珠2号楼2单元2172

2주만에 속이 뻥!뚫리는 생활 중국어 1
© Carrot House

All rights reserved. No part of this publication may be reproduced,
stored in a retrieval system, or transmitted, in any form or by any means,
without the prior permission in writing of CARROT HOUSE.

Reprinted March 2018

Author: 차연정
Editing Director: CARROT HOUSE

ISBN 978-89-6732-183-3

Printed and distributed in Korea
9F, 488, Gangnam St., Gangnam-gu, Seoul 06120, Korea

중국에 대한 이해

중국(中国)은 고대 중원 지방을 나타냈으나, 현재는 나라의 이름을 뜻하는 고유명사이다. 중국의 정확한 국명은 '중화인민공화국(中华人民共华国)'이며 1949년 10월 1일에 건립되었다.

중문 국명	中华人民共华国(중화인민공화국)
영문 국명	The People's Republic of China(P.R.C.)
국명 약칭	中国(China)
수 도	북경(北京)
국 경 일	10월 1일
표 준 어	한어보통화(汉语普通话)
화 폐	인민폐(RMB)
시 차	한국보다 1시간 느림
정치 제도	인민대표대회제도
인 구	약 13억 7천 만명
민족 구성	한족(汉族), 장족(壮族), 만주족(满族) 등 56개 민족
주요 종교	불교, 도교, 유교
국토 면적	960만 제곱킬로미터

책의 특징

01 핵심만 콕! 배우는 기초 중국어
꼭 필요한 것만 배우고 싶은 당신!
핵심만 콕! 짚어 기초 내공을 탄탄하게 하자!

02 실전에 강한 진짜! 중국어 예문
중국으로 떠나는 공항에서부터 실제로
통 하는 진짜 중국어를 배우자!

03 중국 문화까지 한방에 팍!
가장 필요한 16가지 중국 문화 수록!
문화를 알면 언어가 팍 보인다!

책의 구성

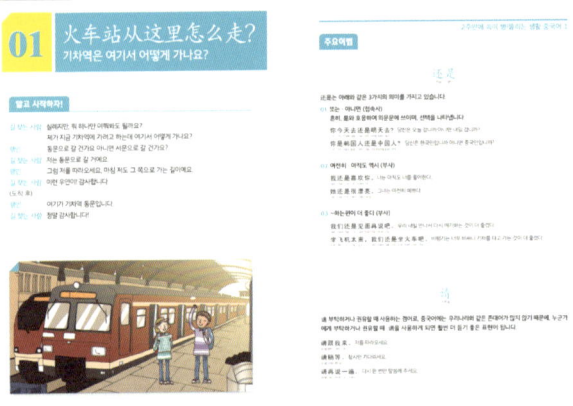

1단계 | 알고 시작하자!
각 과의 주제와 주요 어법을 통해 핵심 내용을 파악하고 미리 살펴봅니다.

2단계 | 본문
상황에 알맞은 문장 활용 및 어휘 학습을 합니다.

3단계 | 어휘 학습

본문에서 나온 주요 단어와 표현들을 연습하고, 플러스 단어를 통해 실생활에서 자주 쓰이는 표현도 반복 학습합니다.

4단계 | 연습문제

주요 표현과 단어 연습을 통해 다양한 상황에서 활용할 수 있도록 바꿔가며 연습합니다.

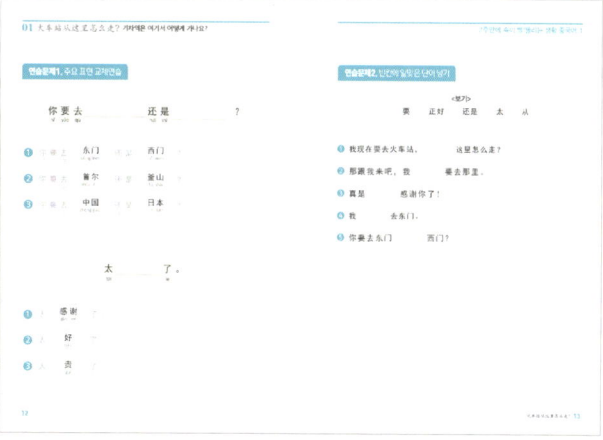

5단계 | 문화 Tip

중국 문화를 함께 다뤄 중국에 대한 심화 학습이 이뤄집니다.

Contents

2주만에 속이 뻥!뚫리는 생활중국어 1

과	주제문	주제	주요 어법	페이지
01	火车站从这里怎么走？	길 물어보기	· A 还是 B · 请	7
02	这里洗发露在哪儿？	대형마트에서 물건 구매하기	· 一会儿 · 跟	15
03	我要两杯美式咖啡。	커피 주문하기	· 要 · 결과보어	23
04	请问，饼干在哪儿？	물건 찾기	· 在 · 给	31
05	我好像感冒了。	약품 구매하기	· 来 · 一下	41
06	这件打完折多少钱？	의류 구매하기	· 有点儿vs一点儿 · 别的	49
07	哪个菜做得比较快？	음식 주문하기	· 得 · 点	57
08	帮我推荐一下。	종업원에게 메뉴 추천 받기, 주문하기	· 特别是 · 受欢迎	65

01

火车站从这里怎么走?
기차역은 여기서 어떻게 가나요?

주제
길 물어보기

주요 어법
- A 还是 B
- 请

01 火车站从这里怎么走?
기차역은 여기서 어떻게 가나요?

알고 시작하자!

길 찾는 사람	실례지만, 뭐 하나만 여쭤봐도 될까요?
	제가 지금 기차역에 가려고 하는데 여기서 어떻게 가나요?
행인	동문으로 갈 건가요 아니면 서문으로 갈 건가요?
길 찾는 사람	저는 동문으로 갈 거예요.
행인	그럼 저를 따라오세요, 마침 저도 그 쪽으로 가는 길이예요.
길 찾는 사람	이런 우연이! 감사합니다.
(도착 후)	
행인	여기가 기차역 동문입니다.
길 찾는 사람	정말 감사합니다!

주요어법

还是
hái shi

还是는 아래와 같은 3가지의 의미를 가지고 있습니다.

01 또는 · 아니면 (접속사)
흔히, 是와 호응하여 의문문에 쓰이며, 선택을 나타냅니다.

你今天去还是明天去？ 당신은 오늘 갑니까 아니면 내일 갑니까?
nǐ jīn tiān qù hái shi míng tiān qù

你是韩国人还是中国人？ 당신은 한국인입니까 아니면 중국인입니까?
nǐ shi hán guó rén hái shi zhōng guó rén

02 여전히 · 아직도 역시 (부사)

我还是喜欢你。 나는 아직도 너를 좋아한다.
wǒ hái shi xǐ huān nǐ

她还是很漂亮。 그녀는 여전히 예쁘다.
tā hái shi hěn piào liang

03 ~하는편이 더 좋다 (부사)

我们还是见面再说吧。 우리 내일 만나서 다시 얘기하는 것이 더 좋겠다.
wǒ men hái shi jiàn miàn zài shuō ba

坐飞机太贵，我们还是坐火车吧。 비행기는 너무 비싸니 기차를 타고 가는 것이 더 좋겠다.
zuò fēi jī tài guì   wǒ men hái shi zuò huǒ chē ba

请
qǐng

请 부탁하거나 권유할 때 사용하는 경어로, 중국어에는 우리나라와 같은 존대어가 많지 않기 때문에, 누군가에게 부탁하거나 권유할 때 请을 사용하게 되면 훨씬 더 듣기 좋은 표현이 됩니다.

请跟我来。 저를 따라오세요.
qǐng gēn wǒ lái

请稍等。 잠시만 기다리세요.
qǐng shāo děng

请再说一遍。 다시 한 번만 말씀해 주세요.
qǐng zài shuō yí biàn

01 火车站从这里怎么走? 기차역은 여기서 어떻게 가나요?

길 물어보기

问路人 请问一个问题可以吗？我现在要去火车站，从这里怎么走？
wèn lù rén　　qǐng wèn yí ge wèn tí kě yǐ ma　wǒ xiàn zài yào qù huǒ chē zhàn cóng zhè lǐ zěn me zǒu

行人 你要去东门还是西门？
xíng rén　　nǐ yào qù dōng mén hái shì xī mén

问路人 我要去东门。
wèn lù rén　　wǒ yào qù dōng mén

行人 那跟我来吧，我正好要去那里。
xíng rén　　nà gēn wǒ lái ba　wǒ zhèng hǎo yào qù nà lǐ

问路人 这么巧，谢谢你。
wèn lù rén　　zhè me qiǎo　xiè xie nǐ

（到达之后）
　dào dá zhī hòu

行人 这里就是火车站东门。
xíng rén　　zhè lǐ jiù shì huǒ chē zhàn dōng mén

问路人 真是太感谢你了！
wèn lù rén　　zhēn shì tài gǎn xiè nǐ le

생활 중국어 꿀팁!

坐 와 骑

교통수단을 '타다'를 표현할 때는 坐[zuò]를 주로 사용하여 나타냅니다. 坐公交车(버스를 타다), 坐飞机(비행기를 타다), 坐地铁(지하철을 타다). 그러나 중국인들이 많이 타는 '자전거(自行车[zìxíngchē])'나 '오토바이(摩托车[mótuōchē])'를 타다'라고 할 때는 坐를 사용하지 않고 骑[qí]를 사용합니다. 骑는 원래 말을 '타다'의 뜻인데요, 자전거와 오토바이같이 기마자세로 타는 교통수단에는 坐대신 骑를 쓴답니다.

단어학습

- 火车站 [huǒchēzhàn] (명사) 기차역
- 从 [cóng] (개사) ~부터, ~을 기점으로
- 怎么 [zěnme] (대명사) 어째서, 어떻게, 왜
- 东门 [dōngmén] (명사) 동문
- 西门 [xīmén] (명사) 서문
- 正好 [zhènghǎo] (부사) 때마침
- 这么 [zhème] (명사) 이런, 이러한, 이렇게, 이와 같은
- 巧 [qiǎo] (형용사) 공교롭다, 딱 맞다
- 到达 [dàodá] (동사) 도착하다, 도달하다, 이르다
- 之后 [zhīhòu] (명사) ~뒤, ~후, ~다음
- 真是 [zhēnshì] (부사) 정말, 사실, 실로
- 太 [tài] (부사) 대단히, 매우
- 感谢 [gǎnxiè] (동사) 감사하다, 고맙다, 고맙게 여기다

+플러스 단어

东 [dōng] (명사) 동쪽　　　　　　西 [xī] (명사) 서쪽
南 [nán] (명사) 남쪽　　　　　　北 [běi] (명사) 북쪽
机场 [jīchǎng] (명사) 공항, 비행장　　码头 [mǎtou] (명사) 부두, 선창

01 火车站从这里怎么走？기차역은 여기서 어떻게 가나요?

연습문제1. 주요 표현 교체연습

你 要 去 ＿＿＿＿＿ 还 是 ＿＿＿＿＿ ？
nǐ yào qù　　　　　　hái shì

① 你 要 去　| 东门 dōng mén |　还 是　| 西门 xī mén |　？
② 你 要 去　| 首尔 shǒu ěr |　还 是　| 釜山 fǔ shān |　？
③ 你 要 去　| 中国 zhōng guó |　还 是　| 日本 rì běn |　？

太 ＿＿＿＿＿ 了。
tài　　　　　le

① 太　| 感谢 gǎn xiè |　了。
② 太　| 好 hǎo |　了。
③ 太　| 贵 guì |　了。

연습문제2. 빈칸에 알맞은 단어 넣기

<보기>
要   正好   还是   太   从

❶ 我现在要去火车站，_____这里怎么走？

❷ 那跟我来吧，我_____要去那里。

❸ 真是_____感谢你了！

❹ 我_____去东门。

❺ 你要去东门_____西门？

01 火车站从这里怎么走? 기차역은 여기서 어떻게 가나요?

중국 결혼 문화

1. 결혼 시간

중국은 행운의 숫자 '8'이 들어간 시간을 좋아하며, 사정에 따라 시간이 달라지겠지만, 대게 초혼인 경우 오전에 하게 되고, 재혼이나 황혼은 오후에 하게 된다고 합니다.

2. 红包 (홍빠오 = 축의금)

중국은 축의금을 홍빠오라고 합니다. 그리고 한국에서는 흰 봉투에 담아서 주는 대신, 중국은 꼭 빨간색 봉투에 담아서 줘야 한답니다. 중국에서는 흰색 봉투는 죽음을 상징이기 때문입니다. 중국의 축의금은 대략 200위안부터 1000위안 사이로 하는데, 보통 짝수면 좋습니다. 행운의 숫자도 '8'이여서 888위안이나, 뒤에 두 자릿수가 8인 금액 예를 들어 188, 288위안 등등… 이면 더욱 좋다고 합니다. '홀수로 하면 안 돼!' 이런 것은 없지만, 그래도 이왕 행운의 숫자가 들어가면 의미는 더욱 좋아지겠죠?

3. 결혼답례선물

흔히 우리나라에서 '결혼 언제 할 거냐' 라는 의미는 '국수 언제 먹여 줄거야?' 인데, 중국은 '언제 喜糖 xǐtáng(결혼식 사탕) 먹게 해줄 거야?'라고 얘기한다고 합니다. 喜糖은 결혼식을 마친 신랑신부가 결혼 답례 선물로 하는 것이라고 하는데요, 이외에도 喜酒 xǐjiǔ(결혼 축하주)나 喜烟 xǐyān(결혼식 손님 접대용 담배)가 있다고 하는데, 신랑 신부에 따라 답례품이 다 다르다고 합니다. 결혼식 사탕을 주는 이유 또한 하객들에게 이 결혼의 달콤함과 기쁨을 함께 누리자는 의미로 주는 것이라고 합니다.

02

这里洗发露在哪儿?
여기 샴푸는 어디에 있나요?

주제
대형마트에서 물건 구매하기

주요 어법
- 一会儿
- 跟

02 这里洗发露在哪儿?
여기 샴푸는 어디에 있나요?

알고 시작하자!

판매원 무엇을 도와드릴까요?
손님   여기 샴푸는 어디에 있나요?
판매원 저를 따라오세요, 여기에는 각종 헤어 케어 제품들이 있습니다.
        이쪽이 샴푸입니다.
손님   이렇게나 많아요? 저 일단 다른 것부터 보고, 조금 이따가 다시 볼게요.
판매원 알겠습니다. 다른 건 뭐 필요한 거 없으세요?
손님   아니요, 괜찮습니다. 감사합니다.

주요어법

一会儿
yí huìr

01 '一会儿+동사'의 형식으로 사용 될 때 '잠시 후에'라는 의미로 사용됩니다.

一会儿见。 잠시후에 보자.
yí huìr jiàn

妈妈一会儿就回来。 엄마는 잠시후에 돌아온다.
mā ma yí huìr jiù huí lái

我一会儿给你打电话。 내가 잠시후에 전화할게.
wǒ yí huìr gěi nǐ dǎ diàn huà

02 '동사+一会儿' 의 형식으로 사용 될 때 '잠깐 동안' 의 의미로 사용됩니다.

请稍等一会儿。 잠시만 기다리세요.
qǐng shāo děng yí huìr

我们休息一会儿再走吧。 우리 잠시만 쉬었다가 다시 가자.
wǒ men xiū xi yí huìr zài zǒu ba

跟
gēn

01 따라가다, 좇아가다, 계속되다, 뒤따르다

请跟我来。 저를 따라 오세요.
qǐng gēn wǒ lái

02 ~와, ~과 (개사)

昨天晚上我跟他一起吃饭。 어제 저녁 나는 그와 함께 밥을 먹었다.
zuó tiān wǎn shàng wǒ gēn tā yì qǐ chī fàn

我常常跟他吃饭。 나는 그와 자주 밥을 먹는다.
wǒ cháng cháng gēn tā chī fàn

02 这里洗发露在哪儿？여기 샴푸는 어디에 있나요?

대형마트에서 물건 구매하기

售货员 shòu huò yuán	您需要帮忙吗？ nín xū yào bāng máng ma	
顾客 gù kè	这里洗发露在哪儿？ zhè lǐ xǐ fà lù zài nǎr	
售货员 shòu huò yuán	请跟我来，这里有各种各样的护发品，这边是洗发露。 qǐng gēn wǒ lái, zhè lǐ yǒu gè zhǒng gè yàng de hù fà pǐn, zhè biān shì xǐ fà lù	
顾客 gù kè	这么多啊。我先看别的，等一会儿再来看它。 zhè me duō a. wǒ xiān kàn bié de, děng yí huìr zài lái kàn tā	
售货员 shòu huò yuán	好的，还有什么需要帮忙的吗？ hǎo de, hái yǒu shén me xū yào bāng máng de ma	
顾客 gù kè	没有了，谢谢。 méi yǒu le, xiè xie	

생활 중국어 꿀팁!

중국의 빨간날 : 청명절 清明节 [qīngmíngjié] (양력 4월 5일)

농업 국가였던 중국이 예로부터 청명절에 날씨가 좋으면 그해의 농사가 잘 된다고 믿었다고 합니다. 또한 청명절이 되면 조상의 묘를 찾아 성묘를 하며, 날씨가 좋기 때문에 교외로 나들이도 많이 갑니다. 청명절에는 지역마다 먹는 음식은 조금씩 다르지만 청명채青菜라는 채소로 만든 음식을 주로 먹는데, 청명채가 청명절 시기쯤 나오는 채소이기 때문입니다. 한국에서는 봄이 되면 냉이나 쑥으로 요리를 해 먹는 것과 비슷하다고 보시면 됩니다.

단어학습

- 需要 [xūyào] (동사) 필요하다, 요구되다
- 帮忙 [bāngmáng] (동사) 일(손)을 돕다, 도움을 주다
- 吗 [ma] (의문조사) 문장 끝에 쓰여 의문의 어기를 나타냄
- 哪儿 [nǎr] (대명사) 어느, 어떤, 어디
- 洗发露 [xǐfàlù] (명사) 샴푸
- 护发品 [hùfàpǐn] (명사) 헤어케어 제품
- 它 [tā] (대명사) 그것
- 各种各样 [gèzhǒnggèyàng] 여러 종류, 각양각색, 가지각색

+플러스 단어

护发素 [hùfàsù] (명사) 린스   沐浴露 [mùyùlù] (명사) 바디워시, 바디 클렌져
牙刷 [yáshuā] (명사) 칫솔   牙膏 [yágāo] (명사) 치약
洗面奶 [xǐmiànnǎi] (명사) 클렌징 폼

02 这里洗发露在哪儿？여기 샴푸는 어디에 있나요?

연습문제1. 주요 표현 교체연습

这 里 ＿＿＿＿＿＿ 在 哪 儿 ？
zhè lǐ   zài   nǎr

① 这 里 | 洗 发 露 | 在 哪 儿 ？
zhè lǐ   xǐ fā lù   zài nǎr

② 这 里 | 洗 手 间 | 在 哪 儿 ？
zhè lǐ   xǐ shǒu jiān   zài nǎr

③ 这 里 | 出 口 | 在 哪 儿 ？
zhè lǐ   chū kǒu   zài nǎr

＿＿＿＿＿＿ 一 会 儿 。
                      yí   huìr

① 等 一 会 儿 。
děng yí huìr

② 休 息 一 会 儿 。
xiū xi   yí huìr

③ 睡 一 会 儿 。
shuì yí huìr

2주만에 속이 뻥!뚫리는 생활 중국어 1

연습문제2. 녹음듣고 일어난 일을 고르기

A

❶

B

❷

C

❸

这里洗发露在哪儿?

02 这里洗发露在哪儿? 여기 샴푸는 어디에 있나요?

중국 길거리 음식

1. 手抓饼 shǒuzhuābǐng (쇼좌빙)

쇼좌빙은 중국인들이 좋아하는 길거리 음식뿐만 아니라, 한국인들도 많이 좋아하는 길거리 음식 중 하나인데요, 가격도 저렴한 데다가, 양도 푸짐해서 한 끼 식사로도 좋다고 합니다. 쇼좌빙은 '손으로 잡고 먹는 전병'이라고 뜻합니다. 계란이나 베이컨 등 자기가 원하는 재료를 넣어달라고 하면, 즉석에 만들어 주어, 한국의 토스트 같은 느낌이 납니다. 만드는 방법도 쉬워 집에서 간편하게 만들어 먹을 수도 있습니다.

2. 鸡蛋饼 jīdànbǐng (지딴삥)

鸡蛋은 달걀이고, 饼은 전병입니다. 지딴삥은 달걀과 밀가루를 섞어 만든 반죽에 쪽파나 각종 채소들을 넣고, 소스를 뿌려서 먹는 음식입니다. 한국의 부침개와 비슷한 개념이라고 볼 수 있을 것 같습니다. 지딴삥 또한 중국인들뿐만 아니라 한국인들의 입맛에도 맞아 많은 사랑을 받고 있는 음식이기도 합니다.

3. 冰糖葫芦 bīngtánghúlu (삥탕후루)

중국에서 겨울만 되면 길거리에 점점 많이 보이는 것이 삥탕후루입니다. 삥탕후루는 송나라 때부터 만들어 먹기 시작하여, 지금까지도 인기가 정말 많은 중국의 전통 간식입니다. 삥탕후루는 예전에 긴 꼬챙이에 산사 열매를 꿰고 설탕시럽을 묻혀서 굳혀먹었습니다. 지금은 산사뿐만이 아닌 딸기나 키위 등 여러 과일을 꿰어 먹기도 합니다. 여름에도 팔기는 하지만, 눅눅한 것보다는, 설탕시럽이 바삭바삭하게 굳어 과자 느낌이 나는 겨울에 더 맛있습니다.

03

我要两杯美式咖啡。
아메리카노 두 잔 주세요.

주제
커피 주문하기

주요 어법
- 要
- 결과보어

03 我要两杯美式咖啡。
아메리카노 두 잔 주세요.

알고 시작하자!

판매원　어서 오세요, 팔선생 커피입니다.
손님　　아메리카노 두 잔, 모두 아이스로 주세요.
판매원　음료 사이즈는 어떻게 드릴까요?
손님　　모두 중간 컵으로 주세요.
판매원　모두 35위안입니다.
손님　　여기요, 적립카드도 있습니다.
판매원　다 됐습니다. 카드 여기 있습니다. 음료가 나오면 이쪽에서 받아 가시면 됩니다.
(음료 받은 후에…)
손님　　빨대는 어디에 있습니까?
판매원　빨대와 컵홀더는 모두 저쪽에 있습니다. 맛있게 드세요.

주요어법

要
yào

要는 아래와 같은 3가지 의미를 가지고 있습니다.

01 바라다 · 희망하다 · 원하다

您 要 什 么 杯 型？ 음료 사이즈는 어떤 걸로 드릴까요?
nín yào shén me bēi xíng

我 要 中 杯。 중간 사이즈로 주세요.
wǒ yào zhōng bēi

02 ~ 할것이다 · ~ 하려고 한다

我 要 刷 卡。 카드 결제하려고 합니다.
wǒ yào shuā kǎ

他 明 天 要 去 香 港。 그는 내일 홍콩에 가려고 합니다.
tā míng tiān yào qù xiāng gǎng

03 ~ 해야만 한다(의무)

请 一 定 要 携 带 发 票。 꼭 영수증을 가지고 오셔야 합니다.
qǐng yí dìng yào xié dài fā piào

你 一 定 要 小 心。 너는 조심해야만 한다.
nǐ yí dìng yào xiǎo xīn

결과보어

*본문에서 사용된 결과보어

일반적으로 동사의 뒤에서 동작의 상태의 결과를 보충 설명해줍니다. 주로 동사+결과보어의 형식으로 쓰입니다.

01 到 dào : 목적 · 시간 · 장소 의 도달했을 때 사용합니다.

我 买 到 了 EXO 的 演 唱 会 票。 나는 (드디어) 엑소 콘서트 표를 샀다.
wǒ mǎi dào le   de yǎn chàng huì piào

我 昨 天 睡 到 了 下 午 十 二 点。 나는 어제 오후 열두시까지 잤다.
wǒ zuó tiān shuì dào le xià wǔ shí èr diǎn

02 完 wán : 동작의 행위가 끝났을 때 사용합니다.

积 完 了。 적립이 되었습니다.
jī wán le

我 吃 完 了 饭。 나는 밥을 다 먹었다.
wǒ chī wán le fàn

03 好 hǎo : 동작의 결과가 만족할 만한 결과가 있을 때 사용합니다.

写 好 了。 다 썼다.
xiě hǎo le

我 准 备 好 了。 준비가 다 되었다.
wǒ zhǔn bèi hǎo le

03 我要两杯美式咖啡。아메리카노 두 잔 주세요.

커피 주문하기

售货员 shòu huò yuán	你好，欢迎来到八先生咖啡！ nǐ hǎo　huān yíng lái dào bā xiān sheng kā fēi	
顾客 gù kè	我要两杯美式咖啡，都要冰的。 wǒ yào liǎng bēi měi shì kā fēi　dōu yào bīng de	
售货员 shòu huò yuán	您要中杯、大杯还是超大杯？ nín yào zhōng bēi　dà bēi hái shì chāo dà bēi	
顾客 gù kè	我要中杯。 wǒ yào zhōng bēi	
售货员 shòu huò yuán	一共三十五块钱。 yí gòng sān shí wǔ kuài qián	
顾客 gù kè	这里，我还有积分卡。 zhè lǐ　wǒ hái yǒu jī fēn kǎ	
售货员 shòu huò yuán	好了，请拿好您的卡。等饮料出来以后，请到这边来拿。 hǎo le　qǐng ná hǎo nín de kǎ　děng yǐn liào chū lái yǐ hòu　qǐng dào zhè biān lái ná	

（拿饮料后…）
ná yǐn liào hòu

顾客 gù kè	吸管在哪儿？ xī guǎn zài　nǎr	
售货员 shòu huò yuán	吸管和杯套都在那边。请慢用。 xī guǎn hé bēi tào dōu zài nà biān　qǐng màn yòng	

중국의 커피 체인점 上岛咖啡

중국에는 많은 해외 커피 브랜드들이 입점해 있지만 중국 내 커피 시장은 스타벅스와 上岛咖啡 [shàngdǎokāfēi, 상도커피] 로 양분화되어 있다고 합니다.

上岛咖啡 는 대만풍의 카페식 레스토랑입니다. 1997년 하이난(海南) 번화가에 1호점을 시작으로 현재 중국에 1300여 개 체인을 운영 중입니다. 上岛咖啡는 일반 커피숍이 아니라 레스토랑과 커피숍이 결합되어 있는 독특한 커피 체인점이기 때문에 커피뿐만 아니라 다양한 식사 메뉴와 디저트, 특색 있는 건강음료들도 맛볼 수 있습니다.

단어학습

- 要 [yào] (동사) 바라다, 원하다, 필요하다
  - 我要吃面条。 나는 국수를 먹으려고 한다.
- 两 [liǎng] (수사) 둘
- 冰 [bīng] (동사)(명사) 얼음, 차다, 시리다, 얼음같은 것
- 一共 [yígòng] (부사) 모두, 전부, 합계
- 积分卡 [jīfēn kǎ] (명사) 적립카드
- 完 [wán] (동사) 완성하다, 끝내다, 마치다
- 拿 [ná] (동사) 쥐다, 잡다, 가지다, 받다, 얻다, 획득하다
- 等 [děng] (동사) 기다리다
- 以后 [yǐ hòu] (명사) 이후, 금후
- 吸管 [xīguǎn] (동사) 빨대, 스트로
- 杯套 [bēitào] (동사) 컵 홀더

+플러스 단어

什么 [shénme] (대명사) 무엇	面条 [miàntiáo] (명사) 국수
刷卡 [shuākǎ] (동사) 카드를 긁다, 카드로 결제하다	香港 [xiānggǎng] (명사) 홍콩
携带 [xiédài] (동사) 휴대하다, 지니다, 데리다	小心 [xiǎoxīn] (동사) 조심하다, 주의하다
零钱 [língqián] (명사) 푼돈, 잔돈, 용돈	

03 我要两杯美式咖啡。아메리카노 두 잔 주세요.

연습문제1. 주요 표현 교체연습

_____（是）三十五块钱。
　　　　　　　　　shì　sān shí wǔ kuài qián

① 一共　（是）三十五块钱。
　 yí gòng　shì　sān shí wǔ kuài qián

② 这一件　（是）三十五块钱。
　 zhè yí jiàn　shì　sān shí wǔ kuài qián

③ 这些　（是）三十五块钱。
　 zhè xiē　shì　sān shí wǔ kuài qián

请拿好_____。
qǐng ná hǎo

① 请拿好　卡。
　 qǐng ná hǎo　kǎ

② 请拿好　零钱。
　 qǐng ná hǎo　líng qián

③ 请拿好　杯子。
　 qǐng ná hǎo　bēi zi

2주만에 속이 뻥!뚫리는 생활 중국어 1

연습문제2. 녹음듣고 일어난 일을 고르기

A

❶

B

❷

C

❸

*震动铃 [zhèn dòng líng] 진벨동

03 我要两杯美式咖啡。 아메리카노 두 잔 주세요.

커피의 중국식 명칭 및 카페에서 자주 사용하는 문장

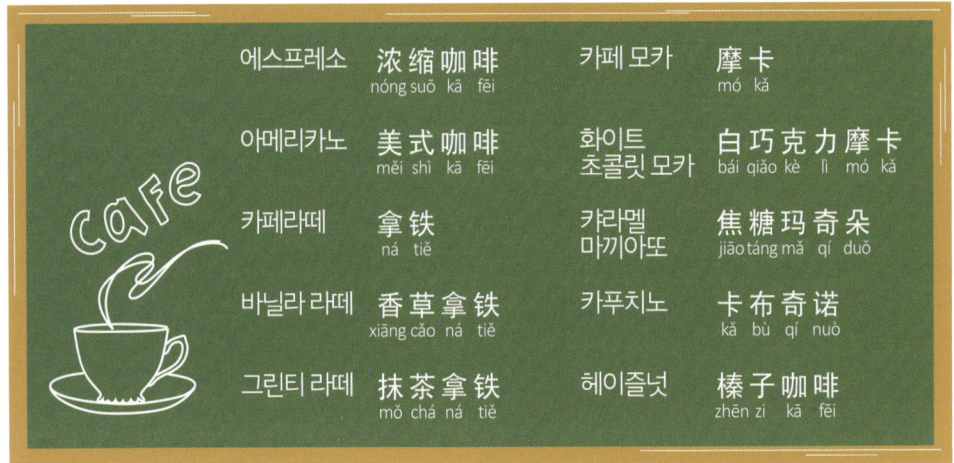

에스프레소	浓缩咖啡 nóng suō kā fēi	카페 모카	摩卡 mó kǎ
아메리카노	美式咖啡 měi shì kā fēi	화이트 초콜릿 모카	白巧克力摩卡 bái qiǎo kè lì mó kǎ
카페라떼	拿铁 ná tiě	카라멜 마끼아또	焦糖玛奇朵 jiāo táng mǎ qí duǒ
바닐라 라떼	香草拿铁 xiāng cǎo ná tiě	카푸치노	卡布奇诺 kǎ bù qí nuò
그린티 라떼	抹茶拿铁 mǒ chá ná tiě	헤이즐넛	榛子咖啡 zhēn zi kā fēi

커피숍에서 자주 듣는 표현

컵사이즈 : 작은 컵 小杯 xiǎobēi / 중간 컵 中杯 zhōngbēi / 큰 컵 大杯 dàbēi / 특대 컵 超大杯 chāo dàbēi

여기서 드실 거예요 아니면 테이크 아웃하시겠어요? 这边喝还是带走? zhè biān hē hái shi dài zǒu

차가운 거 드릴까요 아니면 따뜻한 거 드릴까요? 您是要冰的还是热的? nín shi yào bīng de hái shi rè de

얼음 조금만 주세요. 我要少冰。 wǒ yào shǎobīng

얼음 빼주세요. 我要去冰。 wǒ yào qù bīng

샷 추가해주세요. 加一个浓度。 jiā yí ge nóng dù

시럽이 있습니까? 我要加糖。 wǒ yào jiā táng

04

请问，饼干在哪儿?
실례지만, 과자는 어디에 있습니까?

✓ 4과에는 1-3과까지 사용된 표현을 복습하실 수 있도록 구성하였습니다.

본문
물건 찾기

주요 어법
- 在
- 给

04 请问, 饼干在哪儿?
실례지만, 과자는 어디에 있습니까?

알고 시작하자!

판매원　무엇을 도와드릴까요?
손님　　저는 컵라면류를 찾고 있는데요.
판매원　잠시만 기다리세요, 제가 보여드릴게요. 컵라면은 여기에 있습니다.
손님　　고맙습니다.
판매원　다른 건 필요 없으세요?
손님　　괜찮습니다, 감사합니다.
손님　　과자는 어디에 있습니까?
판매원　저를 따라오세요. 과자는 여기에 있습니다.

손님　　컵라면 안에 젓가락이 있습니까?
판매원　아니요, 만약 필요하시다면 일회용 젓가락은 저쪽에 있습니다.
손님　　감사합니다. 이것들 주세요. (저는 이것들을 사려고 합니다.) 얼마예요?
판매원　모두 백 위안입니다. 현금 결제하시겠습니까 아니면 카드 결제하시겠습니까?
손님　　저는 카드 결제하겠습니다.
판매원　네. 여기 카드 받으세요.
손님　　영수증은요?
판매원　봉투 안에 영수증이 있습니다.
손님　　감사합니다.
판매원　네, 또 오세요.

단어학습

- 在 [zài] (동사)(부사) ~에 있다, ~하는 중이다
  - 我在中国。 나는 중국에 있다(동)
  - 我在看电视。 나는 티비를 보고 있다. (부)
- 碗面 [wǎnmiàn] (명사) 컵라면
- 之类 [zhīlèi] (명사) 등, 따위 (어떤 유의 사물을 가리킴)
- 马上 [mǎshàng] (부사) 곧, 바로, 즉시
- 给 [gěi] ~에게
  - 我马上给你打电话。 내가 곧 너에게 전화 할게.
- 找 [zhǎo] (동사) 찾다
- 请问 [qǐngwèn] (명사) 말씀 좀 묻겠습니다
- 饼干 [bǐnggān] (명사) 과자
- 这些 [zhèxiē] (명사) 이것들, 이러한 것들
- 现金 [xiànjīn] (명사) 현금
- 刷卡 [shuākǎ] (동사) 카드를 긁다, 카드 결제하다
- 收据 [shōu jù] (명사) 영수증
- 袋子 [dàizi] (명사) 주머니, 자루, 봉지
- 筷子 [kuàizi] (명사) 젓가락

04 请问，饼干在哪儿？ 실례지만, 과자는 어디에 있습니까?

물건 찾기

售货员 shòu huò yuán	你需要帮忙吗？ nǐ xū yào bāng máng ma	
顾客 gù kè	我在找碗面之类的。 wǒ zài zhǎo wǎn miàn zhī lèi de	
售货员 shòu huò yuán	请稍等，我马上给你看。碗面在这边。 qǐng shāo děng wǒ mǎ shàng gěi nǐ kàn wǎn miàn zài zhè biān	1과 복습
顾客 gù kè	谢谢。 xiè xie	
售货员 shòu huò yuán	别的还有需要的吗？ bié de hái yǒu xū yào de ma	
顾客 gù kè	没有了，谢谢你。 méi yǒu le xiè xie nǐ	
顾客 gù kè	请问，饼干在哪儿？ qǐng wèn bǐng gān zài nǎr	
售货员 shòu huò yuán	请跟我来。饼干在这边。 qǐng gēn wǒ lái bǐng gān zài zhè biān	2과 복습

결제 하기

顾客 碗面里有筷子吗？
gù kè wǎn miàn lǐ yǒu kuài zi ma

售货员 没有，如果您需要的话，一次性筷子在那里。
shòu huò yuán méi yǒu rú guǒ nín xū yào de huà yí cì xìng kuài zi zài nà lǐ

顾客 谢谢你，我就买这些。多少钱？
gù kè xiè xie nǐ wǒ jiù mǎi zhè xiē duō shǎo qián

售货员 一共是一百元。您是付现金还是刷卡？ `1과 복습`
shòu huò yuán yí gòng shì yì bǎi yuán nín shì fù xiàn jīn hái shì shuā kǎ

顾客 我要刷卡。 `3과 복습`
gù kè wǒ yào shuā kǎ

售货员 好，请拿好您的卡。 `3과 복습`
shòu huò yuán hǎo qǐng ná hǎo nín de kǎ

顾客 收据呢？
gù kè shōu jù ne

售货员 袋子里有收据。
shòu huò yuán dài zi lǐ yǒu shōu jù

顾客 好，谢谢。
gù kè hǎo xiè xie

售货员 欢迎下次光临。
shòu huò yuán huān yíng xià cì guāng lín

04 请问，饼干在哪儿？ 실례지만, 과자는 어디에 있습니까?

주요어법

在
zài

在는 여러 가지의 품사를 가지고 있습니다. 그만큼 뜻도 다양합니다.
우리 본문에서는 동사 '~에 있다', 부사 '~하고 있는 중이다'의 의미로 사용되었습니다.

01 ~에 있다 (동사)

我在中国。 나는 중국에 있다.
wǒ zài zhōng guó

一次性筷子在哪儿？ 일회용 젓가락은 어디에 있습니까?
yí cì xìng kuài zi zài nǎr

一次性筷子在那边。 일회용 젓가락은 저쪽에 있다.
yí cì xìng kuài zi zài nà biān

02 ~하는 중이다 (부사)

我在找碗面之类的。 나는 컵라면류를 찾고 있는 중이다.
wǒ zài zhǎo wǎn miàn zhī lèi de

她在看电视。 그녀는 텔레비전을 보고 있는 중이다.
tā zài kàn diàn shì

妈妈在做饭。 엄마는 밥을 하고 있는 중이다.
mā ma zài zuò fàn

03 ~에서, ~에 있어서 (개사)

我在中国学习汉语。 나는 중국에서 중국어를 공부한다.
wǒ zài zhōng guó xué xí hàn yǔ

他在家看电视。 그는 집에서 텔레비전을 본다.
tā zài jiā kàn diàn shì

给
gěi

给는 동사, 개사(전치사)로 사용 될때 의미가 조금씩 다릅니다. 给가 동사로 사용될 때에는 주다(~에게 ~을 주다)라는 의미로 사용되고 개사로 사용될 때 ~에게라는 의미로 사용됩니다.
우리 본문에서는 개사로 사용되어 ~ 에게라는 의미로 쓰이고 있습니다.

我给你。 너에게 줄게.
wǒ gěi nǐ

朋友给我一双运动鞋。 친구가 나에게 운동화를 주었다.
péng you gěi wǒ yì shuāng yùn dòng xié

我马上给你看。 내가 곧 너에게 보여줄게.
wǒ mǎ shàng gěi nǐ kàn

我昨天给他打电话。 나는 어제 그에게 전화를 걸었다.
wǒ zuó tiān gěi tā dǎ diàn huà

연습문제1. 주요 표현 교체연습

请 稍 等 ， 我 马 上 _____ 。
qǐng shāo děng　　wǒ mǎ shàng

① 请 稍 等 ， 我 马 上 　帮你拿　 。
　 qǐng shāo děng　wǒ mǎ shàng　bāng nǐ ná

② 请 稍 等 ， 我 马 上 　给你看　 。
　 qǐng shāo děng　wǒ mǎ shàng　gěi nǐ kàn

③ 请 稍 等 ， 我 马 上 　来　 。
　 qǐng shāo děng　wǒ mǎ shàng　lái

我 在 找 _____ 之 类 的 。
wǒ zài zhǎo　　　　　　　zhī lèi de

① 我 在 找 　碗面　 之 类 的 。
　 wǒ zài zhǎo　wǎn miàn　zhī lèi de

② 我 在 找 　面霜　 之 类 的 。
　 wǒ zài zhǎo　miàn shuāng　zhī lèi de

③ 我 在 找 　啤酒　 之 类 的 。
　 wǒ zài zhǎo　pí jiǔ　zhī lèi de

04 请问，饼干在哪儿？ 실례지만, 과자는 어디에 있습니까?

연습문제2. 그림을 보고 어울리는 문장을 고르기

<보기>
A. 我在找文具之类的。
B. 这边都是文具。
C. 一共是一万五千。

❶

❷

❸

연습문제3. 빈칸에 알맞은 말 채워 넣기

1 무엇을 도와 드릴까요?

您需要 _____ 吗?

2 저는 컵라면류를 찾고 있는데요.

我在 _____ 碗面 _____ 的。

3 현금 결제하시겠습니까 아니면 카드 결제하시겠습니까?

您是付 _____ 还是 _____ ?

4 저는 카드 결제하겠습니다.

我 _____ 。

5 영수증은요?

_____ 呢?

6 또 오세요.

_____ !

04 请问，饼干在哪儿？ 실례지만, 과자는 어디에 있습니까?

중국의 체인 편의점 快客 [kuàikè, 콰이커]

한국에도 매우 많은 편의점들, 슈퍼마켓이 있습니다. 중국도 마찬가지입니다. 우리나라는 대형 마켓이나 편의점 종류가 전국적으로 비슷합니다. 하지만 중국은 땅이 매우 넓기 때문에 지역마다 유명한 마켓이나 편의점이 따로 있습니다. 예를 들어 어떤 지역에는 A 마켓이 있지만 어떤 지역에는 없기도 하고요, B 지역에서는 유명한 대형마켓이 C 지역에서는 유명하지 않은 경우도 있습니다.

오늘은 그중 중국의 체인 편의점인 快客 [kuàikè, 콰이커] 에 대해 알아보려고 합니다.

편의점이 집중된 도시 중 하나는 上海 [shànghǎi, 상하이] 입니다. 상하이에는 외국 및 중국 현지 편의점 체인점들이 5000여 개가 넘는다고 합니다. 그중에서 가장 규모가 큰 체인점은 联华 [liánhuá, 리엔화] 그룹의 快客 [kuàikè, 콰이커] 편의점으로 상하이에만 1300 개가 넘는다고 합니다.

그래서인지 분홍색 바탕에 해를 연상시키는 快客 간판은 상해 어느 곳 에서든 자주 볼 수 있습니다.

리엔화 편의점은 1997년 11월에 창립되었고, 2002년 7월에 정식적으로 리엔화 콰이커 (联华快客)라는 명칭으로 변경되었습니다. 리엔화 콰이커는 계속해서 직영, 합자, 가맹 등의 방식으로 전국적으로 시장을 넓혀 갔고, 2002년에는 잇달아 리엔화 따리엔(大连), 닝보(宁波), 항주(杭州), 베이징(北京), 광저우(广州)에까지 지역 소재의 기업을 편성하였습니다. 이로 인해 리엔화 콰이커 편의점은 상하이에서 빠르게 발전을 이루었을 뿐만 아니라 시장을 전국적으로 넓힐 수 있게 되었습니다.

05

我好像感冒了。
저 감기에 걸린 거 같아요.

주제
약품 구매하기

주요 어법
- 来
- 一下

05 我好像感冒了。
저 감기에 걸린 거 같아요.

알고 시작하자!

약사	안녕하세요, 어디가 불편하신가요?
손님	저 감기에 걸린 거 같아요, 계속 콧물이 흘러요.
약사	언제부터 시작됐습니까?
손님	거의 일주일 정도 됐습니다.
약사	이거 한번 드셔보세요. 아침저녁으로 두 알씩 드시면 됩니다.
손님	네, 한 상자 주세요.
약사	그리고 물과 비타민C를 많이 드세요.
손님	네, 알겠습니다.

주요어법

来
lái

来는 아래와 같은 3가지 의미가 있습니다.

01 오다

妈妈来了。 엄마가 오셨다.
mā ma lái le

我今天来韩国。 나는 오늘 한국에 왔다.
wǒ jīn tiān lái hán guó

02 다른 동사 앞에 쓰여 어떤 일을 하려는 것을 나타냅니다.

我先来说。 내가 먼저 말할게.
wǒ xiān lái shuō

我来介绍一下。 내가 먼저 자기소개를 해보겠다.
wǒ lái jiè shào yí xià

03 (어떤 동작을) 하다 [구체적인 동작을 대신합니다.]

先来一份鸡爪团饭和一瓶烧酒。 우선 닭발 한 접시와 소주 한 병 주세요.
xiān lái yí fèn jī zhuǎ tuán fàn hé yì píng shāo jiǔ

我们来一杯吧。 우리 한잔하자!
wǒ men lái yì bēi ba

一下
yí xià

一下는 동사 뒤에 쓰여 '시험 삼아 해 보다', '좀 ~ 하다' 의 뜻으로 동사의 중첩과 비슷한 의미를 가지고 있습니다.

好，我试一下。 네, 그렇게 해보겠습니다.
hǎo wǒ shì yí xià

你尝一下。 맛보세요.
nǐ cháng yí xià

请稍等一下。 잠시만 기다려 주세요.
qǐng shāo děng yí xià

我来介绍一下。 제가 소개를 좀 해보겠습니다.
wǒ lái jiè shào yí xià

05 我好像感冒了。 저 감기에 걸린 거 같아요.

약품 구매하기

药剂师 yào jì shī	您好，您哪儿不舒服？ nín hǎo nín nǎr bù shū fu
顾客 gù kè	我好像感冒了，一直流鼻涕。 wǒ hǎo xiàng gǎn mào le yì zhí liú bí tì
药剂师 yào jì shī	你从什么时候开始的？ nǐ cóng shén me shí hòu kāi shǐ de
顾客 gù kè	差不多一个星期吧。 chà bú duō yí ge xīng qī ba
药剂师 yào jì shī	您试一下这个。早晚吃两片儿。 nín shì yí xià zhè ge zǎo wǎn chī liǎng piànr
顾客 gù kè	好，来一盒吧。 hǎo lái yì hé ba
药剂师 yào jì shī	还有，你要多喝热水，多吃维生素C。 hái yǒu nǐ yào duō hē rè shuǐ duō chī wéi shēng sù
顾客 gù kè	好的，知道了。 hǎo de zhī dào le

생활 중국어 꿀팁!

感冒 [gǎnmào] 감기에 걸리다
发烧 [fāshāo] 열이 나다
酸痛 [suāntòng] 몸살 기운
止痛药 [zhǐtòngyào] 진통제
安眠药 [ānmiányào] 수면제

头痛 [tóu tòng] 두통
咳嗽 [késou] 기침하다
晕车药 [yūnchēyào] 멀미약
感冒药 [gǎnmàoyào] 감기약

단어학습

- 哪儿 [nǎr] (명사) 어디, 어느 곳
- 舒服 [shūfu] (형용사) (몸, 마음이) 편안하다, 쾌적하다, 가볍다, 가뿐하다
- 好像 [hǎoxiàng] (부사) 마치…와 같다
- 感冒 [gǎnmào] (명사) 감기, 감기에 걸리다
- 一直 [yìzhí] (부사) 계속, 줄곧
- 鼻涕 [bítì] (명사) 콧물
- 从 [cóng] (개사) … 부터,… 을 기점으로
- 什么时候 [shénme shíhòu] 언제
- 开始 [kāishǐ] (동사) 시작하다(되다), 개시하다
- 差不多 [chàbúduō] (부사) 거의, 대체로, 보통
- 星期 [xīngqī] (명사) 요일
- 早晚 [zǎowǎn] (명사) 아침과 저녁
- 片儿 [piànr] (양사) 조각, 알
- 热水 [rèshuǐ] (명사) 끓인 물, 따뜻한 물
- 维生素 [wéishēngsù] (명사) 비타민
- 来 [lái] (동사) 어떤 동작을 하다 (의미가 구체적인 동사를 대체함)
- 盒 [hé] (양사) 통, 합, 갑, 곽

+플러스 단어

回来 [huílái] (동사) (화자가 있는 곳으로) 되돌아오다
个子 [gèzi] (명사) 키
疼 [téng] (형용사) 아프다
成绩 [chéngjì] (명사) 성적
穿 [chuān] (동사) 입다

我好像感冒了。

05 我好像感冒了。 저 감기에 걸린 거 같아요.

연습문제1. 주요 표현 교체연습

你 哪儿 _____?
nǐ   nǎr

① 你 哪儿 　不舒服　 ?
　 nǐ   nǎr 　bù shū fu

② 你 哪儿 　不好　 ?
　 nǐ   nǎr 　bù hǎo

③ 你 哪儿 　疼　 ?
　 nǐ   nǎr 　téng

多_____点儿_____。
duō   diǎnr

① 多 　吃　 点 儿 　维生素　 。
　 duō 　chī　 diǎnr 　wéi shēng sù

② 多 　喝　 点 儿 　水　 。
　 duō 　hē　 diǎnr 　shuǐ

③ 多 　穿　 点 儿 　衣服　 。
　 duō 　chuān　 diǎnr 　yī fu

46

연습문제2. 빈칸에 알맞은 단어 넣기

<보기>

好像　　哪儿　　差不多　　什么时候

① 您好，您 _____ 不舒服？
② 我 _____ 感冒了，一直流鼻涕。
③ 你从 _____ 开始的？
④ _____ 一个星期吧。

문장 순서에 맞게 단어 배열 하기

① 好像　　了　　感冒　　我

② 什么时候　　从　　的　　开始

③ 差不多　　星期　　吧　　一个

④ 不　　哪儿　　您　　舒服

⑤ 要　　你　　热水　　喝　　点儿　　多

05 我好像感冒了。 저 감기에 걸린 거 같아요.

중국 생활 안전 수칙

중국으로 이민 혹은 유학 가는 사람들이 늘어나면서, 중국 생활을 할 때 명가지 안전 수칙이 있습니다.

비상약은 꼭 준비해 가기
중국에 가보면 길거리에 정말 많은 먹거리들이 있습니다, 대게 기름지고 자극적인 음식이지만, 보기에는 정말 맛있어 보입니다, 하지만 일부 중소 도시는 위생상태가 좋지 않아, 초반에 설사하는 경우가 종종 있습니다. 그리고 티베트 같은 고산지대로 가면 고산병에 걸릴 확률이 꽤 높으므로 비상약을 챙겨가는 것은 필수입니다.

두 번째로 매고 다니는 가방은 최대한 앞으로 매고 다니기
중국에는 어디를 가든 귀중품 간수는 필수입니다. 그만큼 소매치기가 많고, 유동인구가 많은 곳 (예를 들어 기차역, 쇼핑상가 등등)에서는 특히나 조심해야 합니다. 살짝 스쳐 지나가기만 해도 도난당할 수 있습니다. 그리고 한국 여권만 훔치고 다니는 브로커들도 있으니, 귀중품이든 가방은 최대한 앞으로 매고 다니는 게 좋습니다.

마지막으로 환전은 아무한테 찾아가서 하지 않기
'짝퉁 나라'로 악명이 높은 중국에서 위조지폐를 들고 다니는 사람이 정말 많기 때문에 조심해야 합니다. 최대한 한국에서 출발하기 전에 환전을 하고, 중국에서 해야 한다면, 최대한 공항이나 은행에서 환전하는 것을 권합니다. 만약 갑자기 환전해야 해서 중국 현지인들에게 환전을 해야 한다면, 돈을 받은 후, 바로 그 자리에서 세어보고 확인해야 합니다.

06

这件打完折多少钱?
이 옷은 할인가격이 얼마인가요?

주제

의류 구매하기

주요 어법

- 有点儿vs一点儿
- 别的

06 这件打完折多少钱?
이 옷은 할인가격이 얼마인가요?

알고 시작하자!

판매원 어서 오세요. 지금 재킷은 모두 20% 할인합니다.
손님   이 옷은 할인가격이 얼마인가요?
판매원 할인해서 삼백오십 위안입니다. 입어보셔도 됩니다.
손님   탈의실은 어디에 있습니까?
판매원 탈의실은 저쪽에 있습니다. 저를 따라오세요.
(입어 본 후)
손님   조금 큰 것 같은데요.
판매원 저희 매장의 옷은 모두 비교적 큽니다. 입으시니 더 젊어 보이시네요!
손님   그래요? 그럼 이거 한 벌 주세요.
판매원 또 필요한 거 없으세요? 여기 신상 스커트 한번 보세요.
손님   아니요, 괜찮습니다.

주요어법

有点儿 vs 一点儿
yǒu diǎnr   yì diǎnr

01 有点儿 은 '조금, 약간'이라는 뜻을 가지고 있습니다. (부사)

형용사나 동사 앞에 쓰여 정도가 심하지 않음을 냅니다. 有点儿은 주관적 의견으로 약간의 불만이나 부정적인 어감을 포함하고 있습니다. 부정형은 有点儿 뒤에 不를 사용하여 부정합니다.

看起来有点儿大。 옷이 조금 큰 거 같은데요.
kàn qǐ lái yǒu diǎnr dà

我觉得今天有点儿冷。 내 생각에 오늘 조금 추운 것 같다.
wǒ jué de jīn tiān yǒu diǎnr lěng

他今天有点儿不高兴。 그는 오늘 기분이 조금 좋지 않다.
tā jīn tiān yǒu diǎnr bù gāo xìng

02 一点儿 도 '조금, 약간'이라는 뜻을 가지고 있습니다. (양사)

형용사나 동사 뒤에 쓰여 조금, 약간의 의미로 사용됩니다. 一点儿은 주관적 의견 없이 객관적인 비교나 사실을 나타냅니다. 一点儿 앞의 一는 생각이 가능합니다. 또한 一点儿也（都）不의 형식으로 사용되어 조금도 ~ 하지 않다의 의미로도 사용됩니다.

这件衣服有点儿贵，便宜点儿吧。 이 옷은 조금 비싸네요, 좀 싸게 해주세요.
zhè jiàn yī fu yǒu diǎnr guì   pián yi diǎnr ba

你说得太快，慢点儿说。 너 말이 너무 빨라, 천천히 말해.
nǐ shuō de tài kuài   màn diǎnr shuō

他一点儿都不高兴。 그는 조금도 기쁘지 않다.
tā yì diǎnr dōu bù gāo xìng

别的
bié de

别的는 대명사로 '그 외의 사람이나 사물'을 가리킵니다. 일정한 범위가 없는 상황에서 많이 쓰입니다.

别的还需要吗？ 다른 거 필요한 거 없으세요?
bié de hái xū yào ma

有没有别的颜色？ 다른 색상은 있습니까?
yǒu méi yǒu bié de yán sè

请给我看看别的。 다른 것으로 보여주세요.
qǐng gěi wǒ kàn kan bié de

06 这件打完折多少钱？ 이 옷은 할인가격이 얼마인가요?

의류 구매하기

售货员 欢迎光临。现在夹克都打八折。
shòu huò yuán   huān yíng guāng lín   xiàn zài jiá kè dōu dǎ bā zhé

顾客 这件打完折多少钱？
gù kè   zhè jiàn dǎ wán zhé duō shǎo qián

售货员 打完折三百五十元。您可以试一试。
shòu huò yuán   dǎ wán zhé sān bǎi wǔ shí yuán   nín kě yǐ shì yí shì

顾客 更衣室在哪儿？
gù kè   gēng yī shì zài nǎr

售货员 更衣室在那边，请跟我来。
shòu huò yuán   gēng yī shì zài nà biān   qǐng gēn wǒ lái

（试穿后）
shì chuān hòu

顾客 看起来有点儿大。
gù kè   kàn qǐ lái yǒu diǎnr dà

售货员 我们家的衣服都比较大。您穿上后看着更年轻了！
shòu huò yuán   wǒ men jiā de yī fu dōu bǐ jiào dà   nín chuān shàng hòu kàn zhe gèng nián qīng le

顾客 是吗？那就这一件吧。
gù kè   shì ma   nà jiù zhè yí jiàn ba

售货员 别的还有需要的吗？看看新款裙子。
shòu huò yuán   bié de hái yǒu xū yào de ma   kàn kan xīn kuǎn qún zi

顾客 不用了，谢谢。
gù kè   bú yòng le   xiè xie

생활 중국어 꿀팁!

옷과 관련된 다양한 표현

상의 上衣 shàngyī

T恤衫 [T-xùshān] 티셔츠
毛衣 [máoyī] 니트
衬衫 [chènshān] 셔츠
格子衬衫 [gézichènshān] 체크남방
针织衫 [zhēnzhīshān] 가디건

하의 下衣 xiàyī

牛仔裤 [niúzǎikù] 청바지
紧身裤 [jǐnshēnkù] 스키니진
打底裤 [dǎdǐkù] 레깅스
丝袜 [sīwà] 스타킹
超短裙 [chāoduǎnqún] 미니스커트
短裤 [duǎnkù] 반바지

단어학습

- 夹克 [jiákè] (명사) 자켓
- 更衣室 [gēngyīshì] (명사) 탈의실
- 那边 [nàbiān] (명사) 그쪽, 저쪽
- 看起来 [kàn qǐ lái] (동사) 보기에~ 하다, 보아하니~ 하다
- 有点儿 [yǒu diǎnr] (부사) 조금
- 衣服 [yīfu] (명사) 옷
- 比较 [bǐjiào] (부사) 비교적, 상대적으로
- 穿上 [chuānshàng] 입어보다
- 更 [gèng] (부사) 더욱, 더, 훨씬
- 年轻 [niánqīng] (형용사) 젊다, 어리다
- 款 [kuǎn] (명사) 양식, 스타일, 디자인
- 裙子 [qúnzi] (명사) 치마, 스커트

+플러스 단어

觉得 [juéde] (동사) 생각하다, 여기다
松 [sōng] (형용사) 느슨하다, 헐겁다 ↔ 紧 [jǐn] 팽팽하다
深 [shēn] (형용사) (색깔이) 짙다, 진하다 ↔ 淡 [dàn] (색깔이) 연하다, 엷다, 수수하다
便宜 [piányi] (형용사) 싸다 ↔ 贵 [guì] 비싸다

06 这件打完折多少钱? 이 옷은 할인가격이 얼마인가요?

연습문제1. 주요 표현 교체연습

您 可 以 _____ 。
nín kě yǐ

① 您 可 以 [试 一 试] 。
　 nín kě yǐ　 shì yí shì

② 您 可 以 [尝 一 尝] 。
　 nín kě yǐ　 cháng yì cháng

③ 您 可 以 [看 一 看] 。
　 nín kě yǐ　 kàn yí kàn

看 起 来 有 点 儿 _____ 。
kàn qǐ lái yǒu diǎnr

① 看 起 来 有 点 儿 [大 / 小] 。
　 kàn qǐ lái yǒu diǎnr　 dà / xiǎo

② 看 起 来 有 点 儿 [松 / 紧] 。
　 kàn qǐ lái yǒu diǎnr　 sōng / jǐn

③ 看 起 来 有 点 儿 [深 / 淡] 。
　 kàn qǐ lái yǒu diǎnr　 shēn / dàn

연습문제2. 빈칸에 알맞은 단어 넣기

<보기>

比较   看起来   更   挺…的   打…折

① 现在夹克都 _____ 八 _____ 。

② _____ 便宜 _____ ，更衣室在哪儿？

③ _____ 有点儿大。

④ 我们家的衣服都 _____ 大。

⑤ 您穿上后看着 _____ 年轻了！

06 这件打完折多少钱？ 이 옷은 할인가격이 얼마인가요?

중국세일에 관한 표현

요즘 중국 요우커 yóukè들이 많은 곳에 가보면 자주 볼 수 있는 단어들이 있는데요, 그중 대표적인 것이 바로 세일에 관한 打折 [dǎzhé] 가 아닌가 싶습니다. 그래서 이번 시간에는 중국의 세일에 관한 표현에 대해 알아보려 합니다.

1. 세일 기간을 중국어로 어떻게 표현할까?
세일 기간을 중국어로 말하자면 세일의 打折 [dǎzhé]와 기간의 期间 [qījiān]이 함께 쓰여 打折期间 [dǎzhé qījiān]이라고 표현합니다.

2. 얼마나 세일하나요?는 어떻게 물어볼까?
세일하다의 打折의 사이에 몇 을 뜻하는 几를 넣어서 打几折 ? 라고 물어봅니다.

3. '20% 세일합니다.'는 중국어로 어떻게 표현할까?
중국어로는 打八折 [dǎbāzhé] 라고 표현합니다. 근데 왜 20% 할인인데 打八折 일까요?
중국은 우리나라와는 달리 깎아주는 부분을 표시하는 것이 아니라 실제 받을 금액의 부분을 표현해서 세일을 표현합니다. 예를 들어, 10% 할인은 打九折 [dǎjiǔzhé] 20% 할인은 打八折 [dǎbāzhé] 30% 할인은 打七折 [dǎqīzhé] 40% 할인은 打六折 [dǎliùzhé] 등으로 표현합니다.

연습문제

오늘 자켓은 모두 10% 할인합니다	→ 今天夹克都打	折。
오늘 운동화는 모두 40% 할인합니다	→ 今天运动鞋都打	折。
이 치마는 60% 할인합니다	→ 这条裙子打	折。

07

哪个菜做得比较快?
어떤 메뉴가 빨리 나오나요?

주제
음식 주문하기

주요 어법
- 得
- 点

07 哪个菜做得比较快?
어떤 메뉴가 빨리 나오나요?

알고 시작하자!

고객　저희 모두 다섯 명입니다.
종업원　저를 따라오세요. 여기 메뉴판입니다. 메뉴를 고르신 후 종업원을 불러주세요.
고객　어떤 메뉴가 빨리 나오나요?
종업원　저희 가게 메뉴는 거의 다 빨리 나옵니다.
(메뉴 고른 후)
고객　종업원! 주문할게요!
종업원　네, 갑니다! 지금 주문하시겠어요?
고객　저희 이거, 이거, 그리고 이거 주세요.
종업원　세트메뉴 필요 없으세요? 12시부터 2시까지 점심 세트 메뉴는 다 할인이 됩니다.
고객　괜찮습니다. 저희 이렇게 주문할게요.
종업원　알겠습니다. 금방 준비해 드리겠습니다.

주요어법

得

01 得 (de) 문장의 술어(동사, 형용사) 뒤에 붙어서 술어의 동작, 행위, 상태의 정도를 보충설명해 주는 역할을 합니다.

哪个菜做得比较快呢？ 어떤 음식이 빨리 됩니까?
nǎ ge cài zuò de bǐ jiào kuài ne

今天我吃得太多。 오늘 나는 엄청 많이 먹었다.
jīn tiān wǒ chī de tài duō

02 得 (děi) 는 '~해야 한다.' '(시간 등) 걸리다' 라는 뜻을 지니고 있습니다.
得 (děi)가 '~해야 한다.' 의 의미로 사용이 될 때 부정형은 不得 가 아닌 不用 을 사용합니다.

今天我得加班。 나는 오늘 야근을 해야만 한다.　　今天我不用加班。 나는 오늘 야근을 할 필요가 없다.
jīn tiān wǒ děi jiā bān　　　　　　　　　　　　　jīn tiān wǒ bù yòng jiā bān

你得想办法。 너는 방법을 생각해야만 한다.　　　得两三个小时。 두, 세 시간 걸리다.
nǐ děi xiǎng bàn fǎ　　　　　　　　　　　　　　děi liǎng sān ge xiǎo shí

03 得 (dé) 는 '얻다, 획득하다'라는 뜻을 지니고 있습니다.

我得到老板的帮助。 나는 사장님의 도움을 받았다.
wǒ dé dào lǎo bǎn de bāng zhù

这次考试我得了满分。 이번 시험에 나는 만점을 받았다.
zhè cì kǎo shì wǒ dé le mǎn fēn

点
diǎn

点은 아래와 같은 4가지의 뜻이 있습니다.

01 주문하다, 지정하다

现在点菜吗？ 지금 주문하시겠습니까?　　你来点菜吧。 당신이 주문하세요.
xiàn zài diǎn cài ma　　　　　　　　　　nǐ lái diǎn cài ba

02 불을 붙이다

点蜡烛。 촛불을 켜다.
diǎn là zhú

03 (머리를) 끄덕이다, (손을) 까닥거리다

点了点头。 고개를 끄덕이다.
diǎn le diǎn tóu

04 시

现在十二点。 지금은 12시이다.
xiàn zài shí èr diǎn

07 哪个菜做得比较快？ 어떤 메뉴가 빨리 나오나요?

음식 주문하기

顾客 gù kè	我们有五个人。 wǒ men yǒu wǔ ge rén	
服务员 fú wù yuán	请跟我来。这里有菜单。选好后，请叫服务员。 qǐng gēn wǒ lái zhè lǐ yǒu cài dān xuǎn hǎo hòu qǐng jiào fú wù yuán	
顾客 gù kè	哪个菜做得比较快呢？ nǎ ge cài zuò de bǐ jiào kuài ne	
服务员 fú wù yuán	我们家的菜上得都挺快的。 wǒ men jiā de cài shàng de dōu tǐng kuài de	

（选好菜后）
xuǎn hǎo cài hòu

顾客 gù kè	服务员，点菜！ fú wù yuán diǎn cài	
服务员 fú wù yuán	来了，现在点菜吗？ lái le xiàn zài diǎn cài ma	
顾客 gù kè	我们要这个，这个，还有这个。 wǒ men yào zhè ge zhè ge hái yǒu zhè ge	
服务员 fú wù yuán	您不点套餐吗？十二点到两点，中午套餐都是打折的。 nín bù diǎn tào cān ma shí èr diǎn dào liǎng diǎn zhōng wǔ tào cān dōu shì dǎ zhé de	
顾客 gù kè	不用了，我们就点这些。 bú yòng le wǒ men jiù diǎn zhè xiē	
服务员 fú wù yuán	好，马上给您准备。 hǎo mǎ shàng gěi nín zhǔn bèi	

생활 중국어 꿀팁!

请客 [qǐngkè] VS AA制 [AAzhì] - 중국의 계산 문화

중국인들이 식당에서 서로 앞다투어 계산하려는 모습을 보신 적이 있나요? 중국을 잘 이해하지 못한 몇몇 사람들은 이 장면을 싸우는 것이라고 종종 오해도 하는데 사실 이것은 **请客** [qǐngkè]입니다. 请客는 '접대하다, 초대하다, 한턱내다' 의 의미로 자연스럽게 해석하면 '내가 낼게!' 정도가 되겠습니다. 이것은 중국의 **爱面子** [àimiànzi, 체면을 중요시하다]에서 비롯된 것이라고 볼 수 있는데요, 중국인들은 상대방을 접대하는 것이 자신의 체면을 세우는 일이라고 생각하는 경향이 있습니다.

중국어로는 AA制 [AAzhì]라고 하는 더치페이는 중국인들에게는 다소 생소한 문화이기도 합니다. 더치페이는 불편하고 정 없는 문화이라고 여기는 어르신들에게는 익숙하지 않은 개념이 지만, 최근에는 젊은 사람들 사이에서는 [AA制] 더치페이 문화가 확산되고 있는 추세입니다.

단어학습

- 服务员 [fúwùyuán]   종업원, 웨이터
- 菜 [cài] (명사)   반찬, 채소, 요리
- 做 [zuò] (동사)   하다, 종사하다
- 挺 [tǐng] (부사)   꽤, 제법, 매우, 상당히
- 快 [kuài] (형용사)   빠르다, 민첩하다
- 点菜 [diǎncài] (동사)   요리를 주문하다
- 还 [hái] (부사)   또, 더, 게다가
  - 我要一份面条，一份饺子，还要两瓶啤酒。 냉면 하나, 만두 하나, 또 맥주 두 병 주세요.
- 套餐 [tàocān]   세트음식, 세트메뉴, 코스요리
- 马上 [mǎshàng] (부사)   곧, 즉시, 바로
- 准备 [zhǔnbèi] (동사) (명사)   준비하다, 준비, 예비

+플러스 단어

加班 [jiābān] (동사) 초과근무 하다, 잔업하다		办法 [bànfǎ] (명사) 방법
老板 [lǎobǎn] (명사) 상점주인, 사장		帮助 [bāngzhù] (동사) 돕다, 원조하다
考试 [kǎoshì] (동사) 시험을 치다		颜色 [yánsè] (명사) 색, 색깔
合算 [hésuàn] (형용사) 수지가 맞다		

07 哪个菜做得比较快? 어떤 메뉴가 빨리 나오나요?

연습문제1. 주요 표현 교체연습

我 们 有 _____ 人 。
wǒ men yǒu   rén

① 我 们 有 | 五 个 | 人 。
   wǒ men yǒu wǔ ge   rén

② 我 们 有 | 两 个 | 人 。
   wǒ men yǒu liǎng ge rén

③ 我 们 有 | 七 个 | 人 。
   wǒ men yǒu qī ge   rén

挺 _____ 的 。
tǐng   de

① 挺 | 快 | 的 。
   tǐng kuài de

② 挺 | 合 算 | 的 。
   tǐng hé suàn de

③ 挺 | 便 宜 | 的 。
   tǐng pián yi de

연습문제2. 만화를 토대로 중국어 자막 완성하기

哪个菜做 ＿＿＿＿ 比较快?
손님: 어떤 음식이 빨리 됩니까?

＿＿＿, 现在 ＿＿＿ 吗?
종업원 : 갑니다. 지금 주문하시겠습니까?

服务员! ＿＿＿＿!
손님 : 여기요! 주문이요!

07 哪个菜做得比较快？ 어떤 메뉴가 빨리 나오나요?

대표적인 중국음식1

锅包肉 guōbāoròu (꿔바로우)

꿔바로우는 중국 동북 요리입니다. TV에도 여러 번 소개되어 많은 한국인들이 알고 있고, 또 좋아하는 중국요리 중 하나라고 하는데요, 꿔바로우는 하얼빈의 한 요리사가 외국인들을 위해 만들어진 요리인 것으로 알려져 있습니다. 만들어질 당시엔 외국 손님은 주로 러시안 손님을 말한다고 합니다. 꿔바로우는 달콤새콤한 맛이 특징이며, 많은 외국인들이 좋아하는 중국요리로도 알려져 있습니다.

麻辣烫 málàtàng (마라탕)

마라탕은 중국 四川(쓰촨)요리입니다. 마라탕은 중국식 샤브샤브인 火锅(훠궈)에서 변환된 음식으로, 훠궈의 맛과 비슷하고, 마라탕집에 가서 각자 좋아하는 채소, 고기, 당면 등의 재료를 선택하면, 주인이 맵고 얼큰한 육수에 데쳐서 소스에 발라줍니다. 소스도 다양해서 취향에 따라 고를 수 있습니다. 또한, 마라탕은 정말 여러 가지 재료가 들어가기 때문에, 중국에서는 무엇인가 뒤죽박죽 섞여서 혼란스러울 때 마라탕 같다고 표현하기도 합니다.

辣子鸡丁 làzǐjīdīng (라쯔지딩)

매운맛을 좋아하는 한국인들에게 사천요리가 빠질 수 없는데 위에 말한 마라탕 말고도 정말 많은 음식들이 있는데, 라즈지가 그중 하나입니다. 라즈지는 고추를 듬뿍 넣어 튀긴 닭고기와 볶아내는 요리인데, 한국에서는 '깐풍기'라고 알려진 중화요리가 '라즈지'에서 유래됐고, 얼얼하게 매운맛이어서, 한국에서는 '중국의 불닭'이 라고도 합니다.

08

帮我推荐一下。
추천 한 번만 해 주세요.

✓ 8과에는 5-7과까지 사용된 표현을 복습하실 수 있도록 구성하였습니다.

주제
종업원에게
메뉴 추천 받기, 주문하기

주요 어법
- 特别是
- 受欢迎

08 帮我推荐一下。
추천 한 번만 해 주세요.

알고 시작하자!

손님　　종업원!(저기요!)
종업원　주문하시겠어요?
손님　　메뉴 추천 좀 해주세요.
종업원　저희 가게에는 맛있는 게 많습니다.
　　　　특히 양꼬치와 볶음국수는 매우 환영받습니다.
손님　　그럼 일단 볶음국수 그리고 맥주 한 병 주세요.

종업원　술은 어떤 걸로 드릴까요?
손님　　어떤 술이 제일 잘 나가요?
종업원　요즘은 맥주가 특히 청도맥주가 제일 잘 나갑니다.
손님　　그럼 청도맥주 한 병 주세요.
종업원　더 필요하신 것은 없습니까?
손님　　양꼬치 열 개 더 주세요.
종업원　네, 곧 준비해 드리겠습니다. 물 한잔 먼저 따라드릴게요.

단어학습

- 帮 [bāng] (동사) 돕다
- 推荐 [tuījiàn] (동사) 추천하다
- 一下 [yíxià] (양사) 동사 뒤에 쓰여 '시험 삼아 해보다', '~좀 해보다'의 뜻을 나타냄
- 特别 [tèbié] (부사) 특히, 더욱
- 挺 [tǐng] (부사) 꽤, 제법, 상당히
- 受欢迎 [shòu huānyíng] 환영 받다
- 程度 [chéngdù] (명사) 정도, 수준
- 哪 [nǎ] (명사) 어느, 어떤
- 羊肉串 [yáng ròu chuàn] 양꼬치
- 炒面 [chǎo miàn] 볶음 국수
- 啤酒 [pí jiǔ] (명사) 맥주
- 热销 [rèxiāo] (형용사) 잘 팔리다, 불티나게 팔리다
- 一串 [yí chuàn] 한 꿰미

08 帮我推荐一下。 추천 한 번만 해 주세요.

메뉴 추천 받기

顾客 gù kè	服务员！ fú wù yuán
售货员 shòu huò yuán	您要点餐吗？　　　　　　　　7과 복습 nín yào diǎn cān ma
顾客 gù kè	帮我推荐一下，好吗？　　　　5과 복습 bāng wǒ tuī jiàn yí xià　hǎo ma
售货员 shòu huò yuán	我们店有很多好吃的， wǒ men diàn yǒu hěn duō hào chī de 特别是羊肉串儿和炒面挺受欢迎的。 tè bié shì yáng ròu chuànr hé chǎo miàn tǐng shòu huān yíng de
顾客 gù kè	那先来一份炒面和一瓶啤酒吧。 nà xiān lái yí fèn chǎo miàn hé yì píng pí jiǔ ba

메뉴 주문하기

售货员 你们喝什么酒？
shòu huò yuán　nǐ men hē shén me jiǔ

顾客 哪个卖得最好？　　　　　　　　　`7과 복습`
gù kè　nǎ ge mài dé zuì hǎo

售货员 啤酒，特别是青岛啤酒最热销。
shòu huò yuán　pí jiǔ　tè bié shì qīng dǎo pí jiǔ zuì rè xiāo

顾客 那来一瓶青岛啤酒吧。　　　　　　`5과 복습`
gù kè　nà lái yì píng qīng dǎo pí jiǔ ba

售货员 好的，您还需要别的吗？　　　　`6과 복습`
shòu huò yuán　hǎo de　nín hái xū yào bié de ma

顾客 再加十串羊肉串儿吧。
gù kè　zài jiā shí chuàn yáng ròu chuànr ba

售货员 好的，请稍等，我先为您倒一杯水。
shòu huò yuán　hǎo de　qǐng shāo děng　wǒ xiān wèi nín dào yì bēi shuǐ

帮我推荐一下。

08 帮我推荐一下。 추천 한 번만 해 주세요.

주요어법

特别(是) tè bié shì

'特别'가 부사로 쓰일 때는 '유달리, 각별히, 특히, 특별히'의 의미로 사용되며, 뒤에 是와 함께 사용될 때에는 '특히 ~ 하다'의 의미로 해석할 수 있습니다.

我们店有很多好吃的，特别是羊肉串儿和炒面是挺受欢迎的。
wǒ men diàn yǒu hěn duō hǎo chī de tè bié shì yáng ròu chuànr hé chǎo miàn shi tǐng shòu huān yíng de
우리 가게에는 맛있는 것이 매우 많다, 특히 양꼬치와 볶음 국수가 매우 환영받는다.

我对语言感兴趣，特别是汉语。 나는 언어에 관심이 많다, 특히 중국어에 관심이 많다.
wǒ duì yǔ yán gǎn xìng qù tè bié shì hàn yǔ

我喜欢运动，特别喜欢打篮球。 나는 운동을 좋아한다, 특히 농구하는 것을 좋아한다.
wǒ xǐ huān yùn dòng tè bié xǐ huān dǎ lán qiú

受欢迎 shòu huān yíng

受欢迎은 '환영받다, 인기 있다, 잘 팔리다'의 의미입니다. 중국에서 자주 사용되는 표현입니다.

特别是羊肉串儿和炒面是挺受欢迎的。 특히 양꼬치와 볶음 국수가 매우 인기 있습니다.
tè bié shì yáng ròu chuànr hé chǎo miàn shi tǐng shòu huān yíng de

他是现在最受欢迎的歌手。 그는 현재 가장 사랑받는 가수이다.
tā shì xiàn zài zuì shòu huān yíng de gē shǒu

这件衣服是最受欢迎的。 이 옷은 가장 잘 팔리는 옷입니다.
zhè jiàn yī fu shì zuì shòu huān yíng de

연습문제1. 주요 표현 교체연습

那 先 来 _____ 吧 。
nà xiān lái　　　　　　 ba

① 那 先 来 | 一份炒面 | 吧 。
　 nà xiān lái　 yí fèn chǎo miàn　 ba

② 那 先 来 | 一瓶啤酒 | 吧 。
　 nà xiān lái　 yì píng pí jiǔ　 ba

③ 那 先 来 | 这些 | 吧 。
　 nà xiān lái　 zhè xiē　 ba

你们 _____ 什么 ?
nǐ men　　　　　　 shén me

① 你们 | 喝 | 什么 ?
　 nǐ men　 hē　 shén me

② 你们 | 吃 | 什么 ?
　 nǐ men　 chī　 shén me

③ 你们 | 买 | 什么 ?
　 nǐ men　 mǎi　 shén me

帮我推荐一下。

08 帮我推荐一下。 추천 한 번만 해 주세요.

연습문제2. 메뉴판 보고 주문하기

아래 13가지 음식과 주류 메뉴들을 사용해 주문하는 연습하기

菜 单

下酒类 안주류

1. 羊肉串 양꼬치
2. 麻辣烫 마라탕
3. 锅包肉 궈바오우
4. 鱼香肉丝 어향육사
5. 京酱肉丝 경장육사
6. 饺子 만두
7. 辣子鸡 라즈지

8. 凉皮 량피
9. 炒面 볶음면
10. 米线 미씨엔
11. 炒饭 볶음밥
12. 麻婆豆腐 마파두부
13. 麻辣香锅 마라시앙궈

酒类 주류

青岛啤酒 칭다오 맥주　　哈尔滨啤酒 하얼빈 맥주　　雪花啤酒 설화 맥주

연습문제3

빈칸에 알맞은 단어를 사용해 주문하고 주문 받는 연습하기

售货员　您要　_____　吗？

顾客　　帮我　_____　一下，好吗？

售货员　我们店有很多好吃的，

　　　　特别是羊肉串儿和炒面是挺　_____　的。

顾客　　那先来　_____　。

售货员　你们　_____　什么酒？

顾客　　哪个卖得　_____　？

售货员　最近啤酒，_____　青岛啤酒最热销。

顾客　　那来一瓶青岛啤酒。

售货员　好的，您还　_____　别的吗？

顾客　　再加十串羊肉串儿。

售货员　好的，_____　，我先为您倒一杯水。

帮我推荐一下。　73

08 帮我推荐一下。 추천 한 번만 해 주세요.

양꼬치엔 青岛! 중국 맥주에 대해 알아보자!

중국은 넓은 땅만큼 다양한 맥주들이 존재합니다. 전국적으로 사랑받는 맥주가 있다면 특정지역에서만 판매되는 맥주가 있습니다. 이번 시간에는 중국인들에게 사랑받는 맥주에 대해 알아보겠습니다.

1. 青岛啤酒 qīngdǎopíjiǔ

중국에서 가장 오래된 맥주 중 하나이고 부드럽고 깊은 맛으로 가장 사랑을 많이 받는 맥주입니다. 한국에서는 이미 '양꼬치엔 칭다오!' 라는 광고 문구로 많은 인기를 끌고 있습니다.

2. 哈尔滨啤酒 hā'ěrbīnpíjiǔ

한국에서는 중국 맥주 하면 칭다오부터 떠올리지만 여름에 열리는 하얼빈 맥주축제 역시 많은 중국인들에게 사랑받고 있습니다. 부드럽고 개운한 뒷맛으로 여성들이 특히 좋아한답니다.

3. 雪花啤酒 xuěhuāpíjiǔ

우리나라 마트나 양꼬치 집에서도 종종 볼 수 있는 맥주입니다. 한국인에게 생소할 수 있지만 2006년부터 8년간 중국 맥주 시장 점유율 1위를 달성한 브랜드입니다.

듣기 연습문제 : 본문

2. 这里洗发露在哪儿？ －在大卖场 p21

녹음을 듣고 일어난 일을 선택하세요.

❶ 这里洗发露在哪儿？
　　zhè lǐ xǐ fà lù zài nǎr

❷ 请跟我来，这里有各种各样的护发品，这边是洗发露。
　　qǐng gēn wǒ lái　zhè lǐ yǒu gè zhǒng gè yàng de hù fà pǐn　zhè biān shì xǐ fà lù

❸ 这么多啊。我先看别的，等一会儿再来看它。
　　zhè me duō a　wǒ xiān kàn bié de　děng yí huìr zài lái kàn tā

3. 我要两杯美式咖啡。 －在咖啡馆 p29

녹음을 듣고 일어난 일을 선택하세요.

❶ 我要两杯美式咖啡。
　　wǒ yào liǎng bēi měi shì kā fēi

❷ 震动铃响了以后，请到这边来拿。
　　zhèn dòng líng xiǎng le yǐ hòu　qǐng dào zhè biān ái ná

❸ 吸管在哪儿？
　　xī guǎn zài nǎr

생활 중국어 1권 답안

1과
연습문제2 빈칸에 알맞은 단어 넣기
1. 从
2. 正好
3. 太
4. 要
5. 还是

2과
연습문제2 녹음듣고 일어난 일을 고르기
1. 1
2. 2
3. 3

3과
연습문제2 녹음듣고 일어난 일을 고르기
1. 1
2. 3
3. 2

4과
연습문제2
그림을 보고 어울리는 문장을 고르기
1. C
2. A
3. B

연습문제3 빈칸에 알맞은 말 채워 넣기
1. 帮忙
2. 找…之类
3. 现金…刷卡
4. 要刷卡
5. 收据
6. 欢迎下次光临。

5과
연습문제2 빈칸에 알맞은 단어 넣기
1. 哪儿
2. 好像
3. 什么时候
4. 差不多

문장 순서에 맞게 단어 배열하기
1. 我好像感冒了。
2. 从什么时候开始的。
3. 差不多一个星期。
4. 您哪儿不舒服?
5. 你要多喝点儿热水。

6과
연습문제2 빈칸에 알맞은 단어 넣기
1. 打…折
2. 挺…的
3. 看起来
4. 比较
5. 更

7과
연습문제2
만화를 토대로 중국어 자막 완성하기
1. 得
2. 点菜;　来了,　点菜

8과
연습문제3 빈칸에 알맞은 단어를 사용해 주문하고 주문 받는 연습하기

顾　　客　服务员!
售货员　您要点餐吗?
顾　　客　帮我推荐一下,　好吗?
售货员　我们店有很多好吃的,
　　　　　特别是羊肉串儿和炒面挺受欢
　　　　　迎的。
顾　　客　那先来一份炒面和一瓶啤酒吧。
售货员　你们喝什么酒?
顾　　客　哪个卖得最好?
售货员　最近啤酒,特别是青岛啤酒最热销。
顾　　客　那来一瓶青岛啤酒吧。
售货员　好的,　您还需要别的吗?
顾　　客　再加十串羊肉串儿吧。
售货员　好的,请稍等,我先为您倒一杯水。